手绘古人的一生

不爱江山爱艺术

宋徽宗

SHOUHUI GUREN DE YISHENG

BU AI JIANGSHAN AI YISHU

SONG HUIZONG

赵　凯　编
宋思维　绘

江西美术出版社
全国百佳图书出版单位

北宋元丰五年（1082）阴历十月初十，
一名男婴在汴京皇宫福宁殿东侧的偏殿里呱呱坠地。

他是宋神宗的第十一个儿子，名唤赵佶。

他就是本书的主角，日后的徽宗皇帝。

宋徽宗

徽宗登基

生于帝王之家，并不代表着安全无虞。

相反，即便是在古代，

拥有最好医疗条件的皇室也常常要面对婴儿夭折的痛苦。

在赵佶之前的十个皇子中，仅有两位依然在世，剩下的全部夭亡了。
因此，即便赵佶不是长子，他也一样受到了精心呵护。

赵佶刚满一岁，
就被封为宁国公，
食邑三千户。

在十五岁以前，赵佶一直生活在皇宫里，由专门的宫女担任保姆来负责照料他的饮食起居。

“生于帝王家”在很多时候并不是什么幸运的事情，因为皇子们往往会因为争夺权力而勾心斗角、互相防备，不过赵佶在小时候没有遇到这样的困扰。

他的父亲神宗在他两岁的时候就驾崩了，
亲生母亲也在他三岁的时候去世，
但继位的长兄哲宗皇帝与兄弟们都很友爱。
赵佶常去拜见哥哥，这个时候哲宗会拿出陶碗、陶盘装的食物与弟弟分享，共享兄弟和睦的美好时光。

自八岁以上至十四岁，
每岁首检举入学，日诵二十字。

——《续资治通鉴长编》卷四百六十七

作为皇子，赵佶每日有一项重要的任务，
那就是接受教育。
皇帝选派了多名老师给他上课，
课程内容包括儒家经典、历史知识，
还有道德训诫、诗歌、书法等。

宋代皇室教育的主要教材

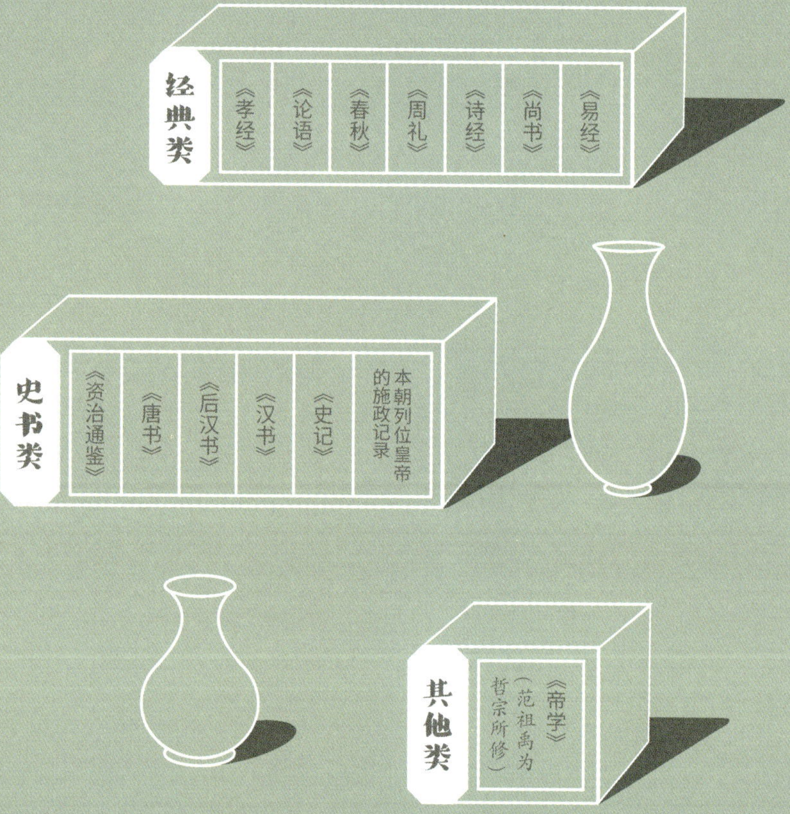

根据要求，当皇子们八岁以后就要每天背诵经文，

每年还要参加考试。

不过等到成年，他们便要慢慢离开皇宫，

搬进自己的府邸居住，

赵佶也不例外。

在十五岁那年，他被封为端王，搬进了端王府。

离皇宫远了，少了规矩和管束，

少年的天性就冒了出来。

赵佶喜欢玩闹，特别热爱蹴鞠，也就是踢球。

有一天，赵佶在自家院子里踢球，看到一个陌生人在旁边张望，露出轻蔑的表情。赵佶倒也不生气，把人唤过来盘问道："你会踢球吗？"

那人说："当然会。"

一试，果然球技惊人。

赵信大呼过瘾，非常喜欢，连忙询问他是什么人，来此做什么。

那人回答，他是替自家主人来送一把梳子当礼物的，任务完成了就回去。

赵信立刻派人去通传，说梳子和人都留下了。

而这个被赵佶看上的人，就是《水浒传》中大名鼎鼎的奸臣高俅。

作为皇帝的弟弟，一位亲王，喜欢玩是他的“本分”，

如果表现得精明贤能，反而会引起皇帝的妒忌和怀疑。

“才踢几脚，端王喝采。高俅只得把平生本事都使出来，奉承端王。那身分模样，这气毬一似鳔胶粘在身上的。端王大喜，那里肯放高俅回府去，就留在宫中过了一夜。”

——《水浒传》第二回“王教头私走延安府，九纹龙大闹史家村”

按常理，赵佶原本可以一直玩下去，

潇洒一辈子。

可惜，宋哲宗身体羸弱，二十五岁就

驾崩了，而且没有留下孩子。

这样一来，作为皇位候选人的赵佶就

被推进了权力斗争的漩涡。

根据宋朝的宗法制度，如无子嗣，则立兄弟。哲宗有好几个弟弟，年龄都是十几岁，那么应该立谁呢？

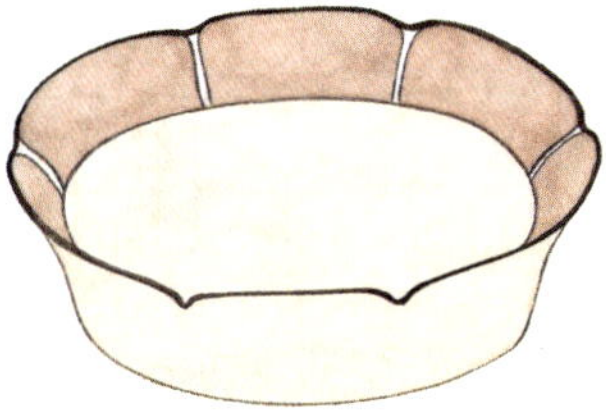

一开始丞相章惇提出应该立哲宗的同母弟简王赵似。

主持内廷的向太后表示反对，

说所有的弟弟都是上一任皇帝神宗的亲生儿子，简王排行十三，轮不到他。

接着，章惇又提出，如果按年龄的话，

应该立申王赵佖。

向太后又反对，说申王一只眼睛看

不见，身体有残疾的不能当皇帝。

那怎么办?

这时向太后才抛出自己的人选——

端王赵佶。

“皇帝已弃天下，无子，端王当立。”

——曾布《曾公遗录》

章惇连忙摆手："端王这个人太轻佻，不能当天下之君。"

向太后不慌不忙地说，哲宗去世的时候，她就在旁边，亲耳听到哲宗指定端王继位。先帝的遗愿，谁敢不听！

那么，为什么向太后一心要把帝位给赵佶，而不立赵似呢？

太后能成为皇帝制造者，

有时并非因为她能生皇帝，

而是因为她能立皇帝。

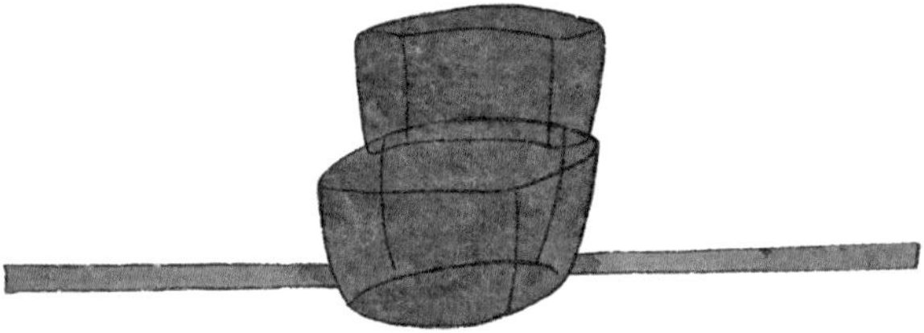

历史学家有一些猜测，

其中最可信的说法是，因为简王赵

似的生母朱太妃尚在世，

如果立简王的话，照道理辅佐皇帝

的就是朱太妃，而不是向太后。

而赵佶的生母已经去世多年，

他当皇帝，向太后就可以顺理成章

地主持后宫。

就这样，赵佶意外地当上了皇帝，

从此他的命运就永远地改变了。

党争之乱

建中靖国元年（1101），端王赵佶继承大统，成了宋朝第八任皇帝——宋徽宗。这一年，他已经十八岁了。

刚上任的时候，他颇表现出一番励精图治的模样来。

北　宋　皇

1

宋太祖

赵匡胤

960 年—976 年在位

2

宋太宗

赵光义

976 年—997 年在位

3

宋真宗

赵　恒

998 年—1022 年在位

4

宋仁宗

赵　祯

1023 年—1063 年在位

帝 列 表

5 宋英宗

赵 曙

1064 年—1067 年在位

6 宋神宗

赵 顼

1068 年—1085 年在位

7 宋哲宗

赵 煦

1086 年—1100 年在位

8 宋徽宗

赵 佶

1101 年—1125 年在位

9 宋钦宗

赵 桓

1126 年—1127 年在位

不过，与大多数人想象的不一样，

当了皇帝并不意味着可以为所欲为。

相反，一位皇帝的抱负因为诸多牵制往

往得不到施展，反而陷入宫廷斗争的泥

潭之中不可自拔。

宋徽宗也同样遇到了这样的麻烦。

而他的麻烦，和他的皇位一样，也是由他的父亲神宗皇帝、哥哥哲宗皇帝“传”给他的。

神宗皇帝在位时，举办了中国历史上有名的变法运动，以王安石为首的一派官员在皇帝的支持下发动经济、军事和教育改革，想要增加国家收入，缓解帝国的经济负担。不过，由于王安石变法的措施过于激烈，引发了诸多大臣的不满，他们以司马光为首结成反对派，与王安石的改革派进行抗争。

一旦朝廷陷入党争内斗，官员们总是要自觉站队，获取一方支持的同时，也就遭到另一方的攻击，一荣俱荣、一损俱损。

这种情况下，谁也不敢轻易扮演“理中客”，那可能会受到双方的共同攻击。

因此，即便王安石和司马光都已经去世，可他们培养的门生故旧依然在坚持先辈们的传统，斗个不停。

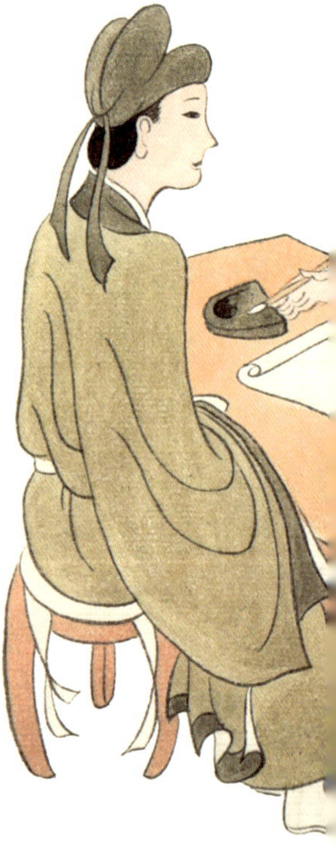

徽宗决定在自己手中终结这场旷日持久的纷争。

他下令说，如今向我上书谏言的，说得对的有赏，说得不对我也不惩罚。

在他的鼓励下，大臣们纷纷上书，讨论神宗以来的政策。

徽宗拿着这些材料对大臣们说，

你们看到了吧，

无论是改革的政策，还是反对改革的政策，都有所偏颇，

因此为政最重要的是“大公至正”，

结成朋党、互相倾轧解决不了问题。

他还宣布，把年号改成“建中靖国”，

意思是寻找一条不偏不倚的道路，

来实现国家安定团结。

年号的由来

在中国历史上第一个使用年号的是汉武帝，他狩猎时发现了一只“独角兽”，群臣认为这是瑞兽，值得纪念，就将这一年定名为“元狩”。又过了六年，人们在山西发现了一方三足鼎，于是汉武帝又把年号改为“元鼎”。

在明代以前，一位皇帝的年号往往有很多，比如汉武帝就有十一个年号，武则天有十八个年号，还有些皇帝沿用前朝的年号，不作更换。这些年号体现的是吉祥的寓意，有些则反映了皇帝当前的施政纲领。而明代以后，一个皇帝用一个年号的制度成为惯例，因此历史上也开始用年号来称呼皇帝，比如嘉靖皇帝、万历皇帝、康熙皇帝、乾隆皇帝等。

徽宗不可谓不努力，但效果并不好。
要求官员们保持公正是何其困难的事情，
更何况从年龄上看，这些官员都可以当
徽宗的叔叔伯伯了，哪里是二十岁不到
的年轻皇帝用三两句话就能劝服的呢？

毕竟一人之下、万人之上
的宰相之位，只有一个。

双方的争斗愈演愈烈。

而年轻气盛的徽宗厌烦了，他渐渐明白，根本没办法让改革派和保守派联合起来共同为国家服务。

那么，现在只剩下一条路，那就是把两派都舍弃掉。

朕嗣位之始，恭默未言，往岁奸朋，复相汲引，倡导邪说，实繁有徒。

——《元祐臣寮不得弹劾诏》

首先，他得找到合适的代理人。

我们经常以为皇帝发布一项新规定，大臣们就得俯首帖耳地去遵守和执行。

但真实的历史并非如此。

在很多时候，皇帝必须授意某一位信任的大臣，通过他来透露消息、引导群臣的舆论。徽宗环顾群臣，发现只有蔡京可堪重任。

蔡京是徽宗继位诏书的撰写者。

更重要的是，蔡京属于改革派，

与保守派势成水火，

但他也和同为改革派的宰相曾布、

胞弟蔡卞两位重臣的关系不佳，

因此蔡京最有可能摆脱党争，

只为皇帝一个人效力。

崇宁元年（1102），蔡京得到了火箭一样速度的提拔。

在十七个月之前，他还是一名被贬出京城的官员，

职业生涯一片黯淡。

可是崇宁元年三月，一纸调令将他召回京城重新启用；

四月，面见徽宗；

七月，升任次相；

又过了七个月，升任首相。

蔡京为徽宗做的第一件大事，
就是驱逐那些皇帝看不顺眼的官员。
九月，徽宗和蔡京炮制了一份涵盖
了五百八十二名在京官员的名单，
名单将官员分为六等，
其中列为“好官”的仅有不到五十
人，这些多为蔡京的亲信，剩下
五百三十四人全部降级。

平生高节已难继，

将死微言犹可录。

——苏轼《书和靖林处士诗后》

几日之后，朝廷又发布了一份更为严厉的“黑名单”，

上面的一百二十名官员及其家眷全部外放出京，

其中包括已经去世的司马光、文彦博、苏辙等，

还包括苏轼、秦观、黄庭坚、程颐等文坛赫赫有名的人物。

到了第二年，

徽宗甚至将打击对象的名字刻在城门边的石碑上，

并颁令全国各地照此办理。

从此以后，改革派和保守派的党争没有了，

徽宗的耳根子真的清净了不少。

然而，这样真的就天下太平了吗？

听不见噪音最彻底的办法是塞住耳朵。

艺术皇帝

在我们印象中的宋徽宗，是一个艺术皇帝。

他擅长工笔绘画、书法，对艺术品鉴赏也有很高的造诣。

可是这样的形象往往会让人觉得他不务正业，像个纨绔子弟。

在政治上独断专行的背后向来颇有一些无奈的原因，

宋徽宗在艺术方面的苦心经营自然也与当时朝廷官员的风气分不开。

我们知道，中国历史上的各个王朝宣扬以儒家治天下，

尤其是宋朝，文官的地位受到很大程度地推崇。

文官群体不仅是官僚，更是知识分子，

身兼画家、诗人、书法家身份的不在少数。

而皇帝，作为统治权利的象征者，

不仅要被塑造成道德的楷模，

更应该是文化方面的代表，

最好能在诗书画和其他文化领域有所建树。

宋徽宗自己说，他平日事务繁忙，
在闲暇之余没有别的爱好，只喜欢画画。
如今我们看到宋徽宗的《听琴图》《文会图》
《瑞鹤图》《芙蓉锦鸡图》《五色鹦鹉图》，
都是各博物馆的镇馆之宝。

儒林华国古今同，吟咏飞毫醒醉中。
多士作新知入彀，画图犹喜见文雄。

——赵佶于《文会图轴》自题诗

博物馆里的镇馆之宝

——宋徽宗作品集

五色鹦鹉图
长卷
波士顿美术馆

蜡梅双禽图
册页
台北故宫博物院

瑞鹤图
长卷
辽宁省博物馆

芙蓉锦鸡图
立轴
故宫博物院

祥龙石图
长卷
故宫博物院

听琴图
立轴
故宫博物院

池塘秋晚图
长卷
台北故宫博物院

雪江归棹图
长卷
故宫博物院

竹禽图
长卷
纽约大都会博物馆

溪山秋色图
立轴
台北故宫博物院

瘦金體

而在书法方面，他更是自成一家。我国历史上书法家辈出，历朝历代的皇帝擅长书法的也很多，但在诸多皇帝中只有宋徽宗创造了属于自己的字体——大名鼎鼎的“瘦金体”，受到后世鉴赏家的追捧。

特别值得一提的是，这种字体是他在二十一岁的时候创造的，可见他在书法上确实天赋异禀。

后世传言宋徽宗是李后主
转世来报当年夺国之仇。

于诗歌，宋徽宗也颇有成就。

据传，有一天，宋神宗正好在观看南唐后主李煜的画像，对这位丧国之君恭敬庄重的相貌颇为感叹，就在这时传来了赵佶出生的消息。

因此，坊间传言宋徽宗是“千古词帝”李煜的转世之身。

宋徽宗写的诗不仅多，质量也高，

《全宋诗》中收入了他四百多首作品，

《宋词三百首》将他的《宴山亭·北行见杏花》列于篇首。

裁剪冰绡，轻叠数重，淡着燕脂匀注。
新样靓妆，艳溢香融，羞杀蕊珠宫女。
易得凋零，更多少、无情风雨。
愁苦，问院落凄凉，几番春暮？

凭寄离恨重重，这双燕，何曾会人言语？
天遥地远，万水千山，知他故宫何处？
怎不思量，除梦里、有时曾去。
无据，和梦也、新来不做。

——赵佶《宴山亭·北行见杏花》

对于宋徽宗来说，诗、书、画这类文化活动不仅是陶冶心性的雅趣，
更是掌握文化权力，进而争取文官拥戴的重要手段。
因此，他除了自己爱好文化艺术，
更为这类活动建章立制，设立了新的美学标准，让人效仿。

刚登基的时候，他对翰林图画院的画家不甚满意，

就举办了全国招考，

从社会上选拔招收绘画能手，可是结果依然让他非常失望。

为根本解决这一问题，他决定创办“画学”，也就是皇家美术学校。

要想到这个学校学习，必须通过考
试，就像如今的美术高考一样。
考题的难度很大，淘汰率很高。
因为宋徽宗希望画师不仅能画出惟
妙惟肖的作品，更希望他们能够将
诗词、思想同绘画结合起来。

曾经有一年的考题是“野水无人渡，孤舟尽日横”。大多数画师画的都是泊系在岸边的空船，只有一名画师掌握到了这句诗的神韵，画出了一个船夫，坐在船尾吹着笛子，表现出了寂落无人的闲适感，被选为最佳作品。

除了选拔和培养人才外，他还组织编撰了《宣和书谱》和《宣和画谱》，搜集整理了大内收藏的书画作品。通过这样的方式，他试图建立一个由他制定标准的文化帝国，引领文化的风潮和走向。

当然，这个举动也是为了他的政治服务，比如在《宣和书谱》中就没有收录当时著名的书法家苏轼和黄庭坚的作品，因为他们都曾被打入“黑名单”而逐出宫廷。

道君皇帝

我们如今熟知的“宋徽宗”这个名号是庙号，是后世皇帝在太庙中为他追尊的名号。

在赵佶当皇帝的时候，他自称为“教主道君皇帝”，也就是道教的教主。

他在位的时候，将道教推崇到无以复加的程度。

他兴建了大量的道教宫观，

元符三年（1100）修建景灵西宫、长生宫；

崇宁二年（1103）在茅山上修造道观，

并亲赐“元符寿宁宫”匾额；

政和三年（1113）又在富宁殿东边修造宫观。

他还非常重视培养道教人才和研究道教经典，并亲自注解《道德经》。

为提高道士的素质，他特意组建了道教学院，设置了十个等级，

学院里的每个宫殿都设置了侍晨、直阁、修撰校籍等官职。

他甚至命令全国所有学校都要增加道教典籍的课程，比如《黄帝内经》《道德经》《庄子》《列子》等。

如果有人愿意学习，

只要没有重大品德缺陷和犯罪，

就可以进入州、县的道教学校学习。

而这些人即便陷入官司，

只要有人担保，就可以不受刑罚。

由于道士人数不断增多，

宋徽宗还相应地增加了道教官员的“编制”，

将道士等级（道阶）增加到二十六级，道家官职（道职）八等。

道阶是道官中的虚衔，没有实际的职务，而道职则有实际的权力。

而且，他还下令将道官的俸禄纳入国家支出，由国家供养起来。

当时帝国境内有佛、道两个主要的宗教。

宋徽宗改变了原先佛道并尊的局面，采用崇道抑佛的政策。

他下诏将僧人改称为“德士”，

尼姑改称为“女德”，

并命令他们脱去佛教徒的衣冠，

穿上道袍。

他还将佛祖改称为“大觉金仙”，

其他佛、菩萨都改称“仙人”“大士”，

将他们编入了道教的神仙序列。

为彻底消除佛教中不利于道教的内容，

他下令将佛教典籍六千卷中诋毁道教的内容全部销毁。

当然，后人最津津乐道的还是他对道士的宠信。

他先后招揽入宫的有刘混康、王老志、王仔昔、林灵素、张继先、张虚白等，

并将他们奉为座上宾。

这些人都是一些自诩道术高明的人士。

宋代的诸位帝王都为子嗣稀少而发愁，如果不是哲宗无后，赵佶也当不上皇帝。“生儿子”也一直是宋徽宗的心病。道士刘混康建议如果将皇城东北地势垫高，皇家就会多子。宋徽宗令人运来大量巨石，修建了占地十余里、高达九十步的艮岳，还大量征发花石纲，将天下奇石尽数收集而来，装点出全国名山大川的微缩景观。宋徽宗后来的确生出六十五个子女，是北宋皇帝中最多的。

王老志自称能与神灵相通，

宋徽宗将他安排在蔡京府内居住。

一日宋徽宗派人来问一位已经去世的

刘贵妃的情况，

王老志递上一张条子，上面写着刘贵

妃当年与宋徽宗说的悄悄话，令宋徽

宗啧啧称奇。

而王仔昔则因为治好了另一位贵妃的

眼病而受到青睐。

在这些道士中最受徽宗宠信的是林灵素。

他第一次见到宋徽宗时就说自己曾经上天朝见玉帝，看见徽宗位列众仙之列。

宋徽宗也煞有介事地问："我记得你当时骑着一头青牛，这只牛如今在何处？"

林灵素回答："寄养在外国，不久以后就会回来。"

后来，高丽国果然进献了一头青牛，令众人诧异不已。

林灵素说宋徽宗是玉帝的长子长生大帝君，还把蔡京、童贯等人也列入仙籍。

宋徽宗赐他“通真达灵先生”的称号，

但这并不代表着宋徽宗被道士牵着鼻子走。

林灵素受宠后妄自尊大，

徒众最多时达两万人。

他妄议迁都，还纠集党羽与太子争论，

被宋徽宗赶回了老家。

我们很难说徽宗“独尊”道教的举措完全是为了成仙修道。他的一系列政策之中也包含着以道教强化统治、统摄臣民精神世界的目的。

宋徽宗统治期间，

外部有辽、西夏等少数民族政权的不断侵扰，内部有尖锐的社会矛盾。

在内忧外患之下，他希望通过一种强大的精神力量来稳固朝野人心。

佛教是外来宗教，儒家官员又陷入党争之中，在这种情况下，他只能依靠道教来提供君权神授的合法性。

所以林灵素称他为玉帝之子，有资格代表玉帝来掌管人世，正合宋徽宗的心意。

但如果道士的行为超过了界限，成了不稳定因素，就会被毫不留情地清除掉。

联金攻辽

宋徽宗喜欢享受，

但他绝不是一个安于享乐的皇帝。

相反，他在统治时期各方面都显得野心勃勃。

他不仅要在艺术文化和宗教思想方面成为楷模和领袖，还意图在军事上有所作为，比如击败北方的辽国，夺回“燕云十六州”。

“燕云十六州”位于帝国的北部，包括如今山西和河北两省的北部，其中“燕”指的是如今北京附近的地区，“云”指的是大同附近的地区。在唐朝时，这些地区曾是中原的领土，但五代时期被割让给了辽。从宋建国以来，收复燕云十六州就一直是最重要的军事目标。

对于宋来说，燕云十六州不仅是胜利的象征，更代表着实实在在的国家安危。缺少燕云十六州这些长城沿线的战略要地和堡垒，宋朝政府在北方无险可守，必须在边境上部署六十万到一百万人的军队。这些军队每年的耗费占全国财政支出的一半以上。

而即便是这么多军队，也很难抵挡北方的进攻。

因为燕云十六州是重要的马匹生产地，

失去这里导致了宋军马匹缺乏，

长期以来只能以步兵为主力，

在平原地带很难抵挡北方骑兵的冲击。

“幽燕未定，何谓一统？”

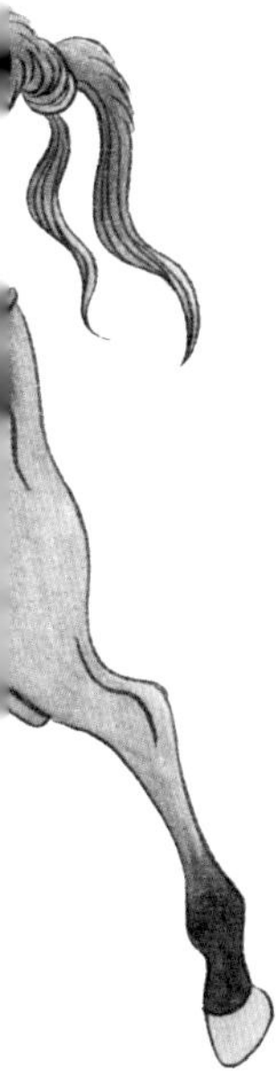

正是因为燕云十六州如此重要，宋朝的历代皇帝都希望夺回这里。

太平兴国四年（979），第二任皇帝宋太宗曾发兵攻打辽的南都燕京，被辽的骑兵击败。

雍熙三年（986）第二次北伐，三路大军都被辽击败，我们熟知的杨家将的故事，就发生在这个时期。

在宋真宗时，宋辽双方签订了和平协定——檀渊之盟，

双方互为兄弟之国，宋每年要向辽缴纳银十万两和绢二十万匹。

这笔钱看起来数额巨大，

但其实仅占整个国家全部收入的百分之二左右，

和养军队的钱相比简直不值一提。

到宋徽宗时，宋辽双方已经维持了一百多年的和平。

但就在政和四年（1114）发生了一件大事，让宋徽宗看到了击败辽国的希望。

这一年，女真族首领完颜阿骨打统一了女真部落，向辽宣战，打得辽国溃不成军，次年称帝建国，号大金。宋徽宗派人坐船渡过渤海，和大金签订了“海上之盟”，约定双方夹击辽国，由宋军攻打燕、云两府，收回十六州。

正当宋军摩拳擦掌准备出击之时，

内乱爆发了。

长期以来的横征暴敛积攒下来的民怨激起了起义，其中以南方的方腊和北方的宋江两股势力最大。

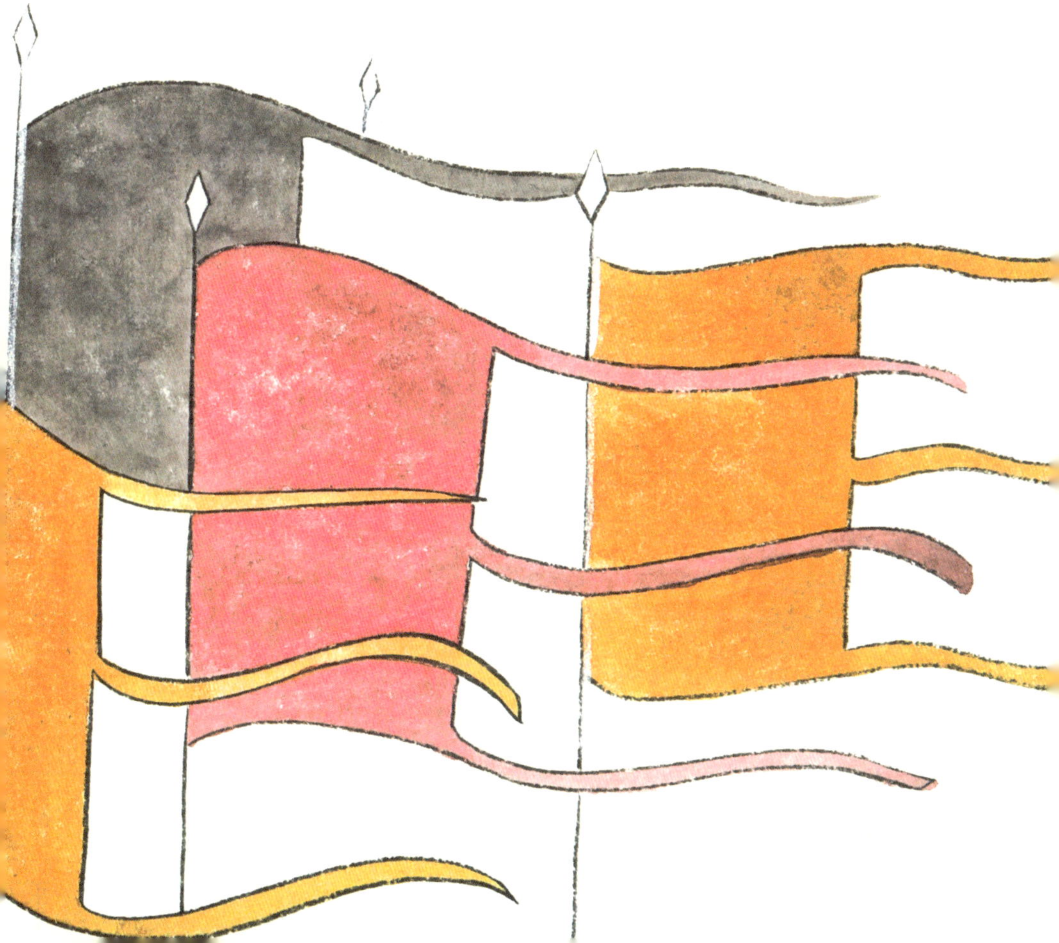

方腊的起义军在三个月间就占领了
包括杭州在内的六州五十二县。江南
是宋朝的经济中心，因此不能不救。
宋徽宗只好派童贯调遣十五万军队
前往镇压，很快就扑灭了起义军。
这一来一去，时间就耽误了。
等到童贯再次北上攻辽，金军已经
鼎定大局，赶跑了辽天祚帝。
燕京几乎是孤城一座。
不过，宋朝的军队久疏战阵，欺负
老百姓还行，却仍然不是已成哀兵
的辽军的对手。

童贯两次攻打燕京，

不仅没能成功，

反而被辽军打得丢盔弃甲，损失惨重。

只好央求金军代为出手。

金军冷眼旁观，

发现宋军实力不济，就抬高了价码，

不仅要求宋将之前给辽的所有岁币都转

交给金，还额外要求高额的军费。

宋徽宗一口答应，

却没想到金军攻破城池之后，

大肆抢劫财货、掠夺人口，

只给宋留下了一座空城。

亡国之君

通过这次战争，金国统治者看清了宋王朝虚弱的本质。

在占领了辽国领土，与宋接壤之后，金国稍作整顿，开始南下伐宋。

宋王朝陷入了前所未有的危机之中。

宣和七年（1125），宋徽宗刚四十三岁，

留给他的好日子已经到头了。

这一年，金军分两路伐宋，

两个月就打到了黄河边，离汴京城近在咫尺。

一直以来踌躇满志的宋徽宗被吓破了胆，

急忙将皇位“禅让”给儿子钦宗赵桓，

自己带着亲近的大臣仓皇南逃。

宋钦宗是中国历史上少有的痛哭着即位的皇帝。

靖康元年（1126）正月，金军兵临城下。

钦宗在大臣李纲的苦劝之下，

打消了逃亡陕西的念头。

在李纲的主持下，宋军组织了周密的防守，

取得了守城战的胜利。

金军看讨不到便宜，

就逼令钦宗签订了割地赔款的条约，

暂时退兵而去。

而此时的宋徽宗在江南过着悠闲的日子，歌舞升平，每月的花销竟然高达二十万贯。

“宋徽宗诸事皆能，
独不能为君耳！”

更令宋钦宗气闷的是，
宋徽宗虽然不再是皇帝，但依然保持着对朝政的影响力，
俨然是另一个朝廷，“自江以南，诏令不行”。

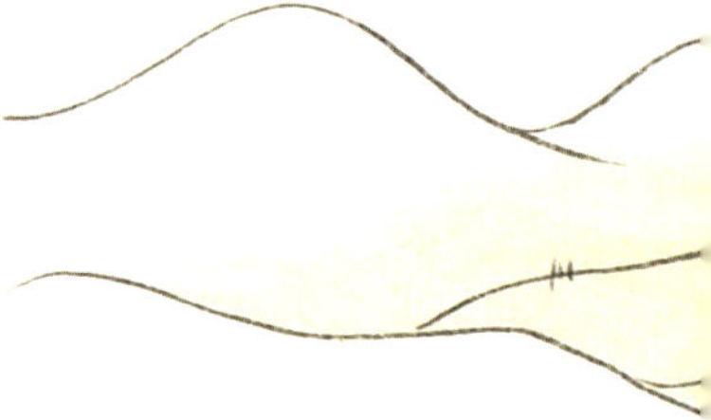

随着金军退却，

钦宗乘机派人将徽宗迎接回来。

他一边将徽宗软禁起来，

一边驱逐了徽宗身边的亲信大臣，

将蔡京、童贯等人贬到海南。

蔡京于流放途中病死，童贯在路上被下诏赐死。

在这场政治斗争之后，
钦宗并没有进一步整顿国政，
反而迷信与金国的“和平”，
弹压抗金舆论，
让经验丰富的守将赋闲在家，
又借口让李纲去解太原之围，
将这位功臣赶出了汴京。

宋浪费了宝贵的备战时间，

金却没有再给机会。

当年八月，金军再次兵分两路攻宋，闰十一月初会师汴京城下，开始大规模攻城。

这次他们仅花了不到一个月的时间，

就攻下了这座由二十万军队防守的首都。

徽宗、钦宗都成了金军的俘虏，

史称“靖康之变”，

延续了一百六十多年的北宋就此灭亡。

“靖康耻，犹未雪。
臣子恨，何时灭！”

——岳飞《满江红·写怀》

在被俘虏之后，徽宗跟随着金军一路北上，

受尽屈辱。

他的妃子和孩子，除了逃亡的赵构（后来的

宋高宗）和一个最小的女儿，其他全部被俘。

沿途中，皇帝的妃子和宫女都被金军瓜分。

有一次下大雨，帐篷漏了，

一些宫女跑到金军的帐篷中去，

就都被奸杀了。

徽宗听说此事之后，一点办法也没有，

只能告诉其他人要离金军远一点。

经过一年多的跋涉，一行人到达了金国的上京会宁府。
在这里，徽宗和钦宗被扒光了衣服，穿着羊皮，跪拜金太祖庙。之后，徽宗被封为昏德公，钦宗为重昏侯。

“昏”字真是一点都不冤枉。

十月，金人将包括徽宗在内的宋朝俘虏迁
往韩州（今辽宁昌图八面城），
给他们田地，让他们自给自足。
文弱的艺术皇帝最终变成了耕地的农夫。

重新学种地，
名副其实的“活到老学到老”。

后来他们又被迁往五国城(今黑龙江省依兰县),
一万多人的队伍仅剩一百四十余人。
绍兴五年（1135），宋徽宗病死，时年五十二岁。
在被羁押的岁月里，
宋徽宗已经没有物质条件展示他超绝的书法和
绘画能力，只能吟诵一些诗歌，
其中的一些流传到了后世。

玉京曾忆昔繁华，万里帝王家。
琼林玉殿，朝喧弦管，暮列笙琶。
花城人去今萧索，春梦绕胡沙。
家山何处，忍听羌笛，吹彻梅花。

——赵佶《眼儿媚·玉京曾忆昔繁华》

手绘古人的一生

宋徽宗

不爱江山爱艺术

赵凯 编

宋思维 绘

图书在版编目（CIP）数据

宋徽宗：不爱江山爱艺术 / 赵凯编；宋思维绘．-- 南昌：江西美术出版社，2022.9

（手绘古人的一生）

ISBN 978-7-5480-0972-6

Ⅰ．①宋… Ⅱ．①赵… ②宋… Ⅲ．①宋徽宗（1082–1135）—传记—图集 Ⅳ．① K827=441

中国版本图书馆 CIP 数据核字 (2022) 第 087269 号

出 品 人：刘　芳
责任编辑：姚屹雯
助理编辑：叶朋辉
责任印制：谭　勋
书籍设计：韩　超　先锋設計

出　版：江西美术出版社
地　址：南昌市子安路 66 号
邮　编：330025
电　话：0791-86566309
网　址：www.jxfinearts.com
经　销：全国新华书店
印　刷：浙江海虹彩色印务有限公司
版　次：2022 年 9 月第 1 版
印　次：2022 年 9 月第 1 次印刷
开　本：710mm×1000mm　1 / 32
印　张：4.5
ISBN 978-7-5480-0972-6
定　价：48.00 元